ORAISON FUNÈBRE

DU

R. P. H.-D. LACORDAIRE

Prononcée le 19 décembre 1861

DANS L'ÉGLISE DE SAINT JOSEPH, A MARSEILLE,

PAR L'ABBÉ A. BAYLE

MEMBRE DE L'ŒUVRE

POUR LA RESTAURATION DES LIEUX-SAINTS DE PROVENCE.

——o⚜o——

PARIS	MARSEILLE
AMBROISE BRAY, LIBRAIRE,	Vᵉ P. CHAUFFARD, LIBRAIRE,
RUE DES SAINTS-PÈRES, 66.	RUE DES FEUILLANTS, 20,

1861

*Ipse tamquam imbres mittet eloquia suá,
et in oratione confitebitur Domino* (Eccli.
29. 9.)

Il répandra sa parole comme une pluie
bienfaisante, et il glorifiera le Seigneur
dans ses discours.

Monseigneur ,

Il y a quatorze ans, une foule immense et recueillie se
pressait autour de cette chaire, pour entendre le plus
grand orateur sacré que Dieu ait donné à l'Église de
France, depuis Bossuet. Marseille, que l'éloquence a toujours passionnée, qui confiait la défense de ses intérêts
à une parole puissante entre toutes, Marseille se souleva
d'enthousiasme en écoutant cette prédication merveil-
leuse, qui faisait jaillir une clarté inattendue des plus
profonds mystères de notre foi. Nous étions transportés
dans une région sublime, où nous apparaissaient les

secrets desseins de la Providence; nous embrassions d'un seul regard l'histoire de l'Église, déployant une puissance vraiment divine pour détruire le monde païen et pour édifier un monde nouveau; nous comprenions toute l'étendue de la victoire remportée sur le monde par Jésus-Christ. Nous ne savions qu'admirer le plus, ou les dons oratoires, si variés et si complets, qu'avait reçus du ciel ce prêcheur incomparable, ou la pieuse ardeur de sa foi, ou la grande mission que Dieu lui avait confiée. Longtemps encore, disions-nous, il répandra sa parole comme une pluie fécondante, sur les cœurs désséchés par le doute. *Ipse tamquam imbres mittet eloquia sua.* Longtemps encore dans ses discours, qui saisissent toutes les facultés de l'âme, qui émeuvent autant qu'ils éclairent, il glorifiera le Seigneur et fera confesser son nom; *et in oratione confitebitur Domino.* Ils seront nombreux ceux qui loueront sa doctrine, ceux qui le béniront d'avoir dissipé leurs ténèbres, ceux qui lui devront leur retour à la piété de leur enfance; *collaudabunt multi sapientiam ejus.* Sa mémoire vivra dans des souvenirs toujours fidèles; l'impression que fait sa parole ne peut pas s'oublier. D'âge en âge, on rappellera son nom avec une reconnaissance et une affection toujours nouvelles; *non recedet memoria ejus, et nomen ejus requiretur a generatione in generationem.* Toutes les populations qu'il a évangélisées, raconteront à l'envie des traits touchants qui révèleront sa vertu en même temps que sa science; *sapientiam ejus enarrabunt gentes.* L'Église elle même prononcera son éloge, et des pasteurs des âmes, d'augustes pontifes, trouveront pour le louer, des paroles où revivra son éloquence ; *et laudem ejus enuntiabit ecclesia.*

Lorsque nous exprimions ainsi le bonheur que nous avions eu d'entendre le P. Lacordaire, nous gardions à la fois le désir et l'espérance de le revoir au milieu de nous, et nous pouvions croire qu'il remonterait dans cette chaire, où sont montés après lui ses enfants les plus aimés. Hélas! l'espérance ne nous est plus permise; cette bouche d'or est muette à jamais. La mort a fermé ces lèvres qui ne se sont ouvertes que pour enseigner la vérité. Quel deuil pour tous ceux qu'a vivifiés sa parole ! Quels regrets dans toutes les villes de France où son apostolat a produit des fruits de salut, et jusques dans les moindres villages où il a laissé l'empreinte de ses pas ! Une cérémonie pareille à celle qui vous rassemble aujourd'hui a sollicité des prières, et a rendu à sa mémoire un honneur religieux, dans toutes les villes où sa parole a retenti. La chaire de Notre-Dame, tendue de voiles funèbres, indiquait par ces signes expressifs, la grandeur de la perte que déplorait l'Église de Paris. Les mêmes signes de deuil entourant cette chaire, auraient suffi, sans doute, pour exprimer notre commune douleur; notre voix n'ajoutera rien à l'impression qu'auraient faite sur vous un morne silence et la triste signification de ces tentures sombres. Mais nous avons dû consentir, malgré notre insuffisance, à vous parler en un tel moment d'un homme tel que le P. Lacordaire. Nous ne pouvions refuser de donner à cette pieuse réunion son caractère particulier, en vous adressant un appel au nom de l'œuvre des saints lieux de Provence, la dernière fondation de l'illustre serviteur de Dieu, dont nous pleurons la mort aujourd'hui.

Monseigneur, vous avez connu de près celui qui sera l'éternel honneur de la chaire française. Vous aviez appris à l'admirer de l'archevêque martyr dont vous nous avez si bien raconté la vie. Vous partagiez, pour ainsi dire, le même toit ; l'antique maison des Carmes abritait en même temps, et les jeunes religieux qui se préparaient à marcher sur les traces du P. Lacordaire, et les jeunes ecclésiastiques dont vous dirigiez avec tant de succès les fortes études. Dans l'église que Dieu a confiée à votre direction, vous ne perdrez pas entièrement ce double souvenir de vos jours passés. En voyant avec quelle ardeur votre clergé a répondu à votre appel, quand vous lui avez ouvert la voie des études sacrées, vous avez cru vous retrouver au milieu de ceux dont vous souteniez les efforts. Que manque-t-il pour achever l'illusion, en ce jour où vous voyez se grouper autour de vous, comme les rejetons de l'olivier autour de l'arbre qui les protège, une seconde famille, les enfants de Saint-Dominique, vous remerciant avec nous, de l'éclat qu'ajoute votre présence à l'honneur rendu à celui qui fut leur père, leur guide et leur soutien ?

Je répondrais mal à votre pensée, si j'essayais d'étudier ici, dans le P. Lacordaire, l'homme de génie et l'écrivain ; si j'analysais l'étonnante variété de ses qualités littéraires, cet art de parler à la fois, avec un égal succès, à l'intelligence, à l'imagination et au cœur ; ce style empreint d'une si puissante originalité, où se mélaient harmonieusement tout ce que la pensée philosophique a de plus profond, et tout ce que l'expression poétique a de plus brillant. D'ailleurs l'Académie qui fut si heureuse de le compter au nombre de ses membres, dira bientôt comment le P. Lacordaire est une des plus belles gloires des lettres françaises. Je n'apprécierai pas même sa valeur incontestée et hors de toute comparaison, comme orateur sacré ; ces mouvements entraînants, ces pathétiques effusions, ces éclairs de génie, qui faisaient passer un frisson dans l'âme de tous ses auditeurs. Je ne dirai pas comment il fraya une voie nouvelle, plus haute et plus large, à la démonstration catholique, comment il a élevé à Jésus-Christ et à son église, dans ses conférences de Notre-Dame, un impérissable monument, qui restera, pour la plus lointaine postérité, comme cette tour dont parle l'Écriture, où sont suspendus mille lances et mille boucliers, armure des forts, pour repousser les traits de l'ennemi. Je laisserai de côté toute la vie publique du P. Lacordaire, elle vous est connue, et tant d'autres en ont parlé que je ne pourrais rien ajouter. J'espère d'ailleurs, en me bornant à soulever un instant le voile qui couvrait sa vie intérieure et cachée, ne diminuer nullement votre admiration, et produire dans vos âmes une édification digne du temple ou nous sommes rassemblés, digne du tribut de prières que nous demande aujourd'hui celui que nous pleurons.

Tout homme destiné à remplir le monde du bruit de son nom, joue nécessairement deux personnages. Trop souvent la valeur de l'homme privé ne répond pas à l'éclat que jette l'homme public. Pourtant ce n'est pas d'après le pompeux appareil des actions extérieures qu'il faut juger un homme, ce n'est pas lorsqu'il est debout sur le piédestal de sa gloire, qu'on peut connaître ce qu'il vaut; c'est lorsqu'il est rentré dans l'obscurité du foyer domestique; lorsqu'il peut révéler librement, loin de la curiosité de la foule, ses vices cachés ou ses secrètes vertus. Ceux que le monde appelle des grands hommes pourraient difficilement soutenir l'examen attentif de leur vie intérieure. Devant son entourage familier « le héros s'évanouit», il ne reste que l'homme avec ses passions qu'il n'a pas vaincues, avec ses défauts qu'il n'a pas corrigés. Il n'en est pas ainsi des grands hommes de l'église, des serviteurs de Dieu, des saints; c'est dans la vie cachée qu'il faut les suivre, c'est là que resplendit toute leur vertu. L'humanité sans doute se révèle encore ça et là par quelque imperfection, mais toute la trame de ces actions obscures qui remplissent la vie de chaque jour, manifeste une attention soutenue à marcher dans les voies de la justice et de la sainteté, non plus sous les yeux du public, mais sous les regards de Dieu.

Que voyons-nous dans la vie intime du P. Lacordaire, durant les années de sa jeunesse, même à cette époque ou « Dieu avait péri dans son âme, » parceque son berceau avait été placé « à l'aurore de ce siècle dans le bruit et les orages ? » Nous y voyons d'admirables vertus humaines qui devaient attirer la grâce comme les hautes cîmes attirent le feu du ciel. Rien n'égalait la pureté de son âme, si ce n'est la droiture de son esprit et la loyauté de son caractère. S'il ne croyait pas, ce n'était point la faute de son cœur, c'est que la vérité ne l'avait point encore illuminé d'un rayon assez vif, pour dissiper les nuages amoncelés dans son esprit par un siècle incrédule. « J'ai un cœur croyant avec un esprit sceptique, » écrivait-il à dix-huit ans. Heureux ceux dont le cœur chaste ne demande qu'à croire et qui n'ont besoin que d'un trait de lumière ! Ces vertus humaines préparaient le jeune Lacordaire à devenir un vase d'élection. Il ne fut pas renversé violemment par la grâce, comme Saint Paul sur le chemin de Damas. Il s'épanouit lentement sous l'influence de l'action divine qui se plut à ne le pénétrer que par degrés. Ce qui commença l'œuvre de sa transformation, ce fut le vif sentiment de la vanité des biens d'icibas et du vide profond qu'ils laissent dans l'âme. Un seul bonheur terrestre l'avait tenté, le plus noble de tous la gloire, et déjà il en était dégoûté. « Je suis rassasié de tout sans avoir rien connu, écrivait-il à vingt deux ans... Ils me prédisent tous un bel avenir, et cependant je suis quelquefois fatigué de la vie... Je n'ai plus que des jouissance d'amour propre. Je vis de cela et encore je commence à m'en dégoûter. j'éprouve chaque jour que tout est vain, je ne veux pas laisser mon cœur dans cette boue. » Ce cœur, qu'il ne voulait pas corrompre, était trop précieux devant Dieu pour que les souillures du monde pussent le ternir. Un dernier fil retient captif l'aigle qui doit bientôt prendre son essor vers les hautes régions de la foi et de l'amour et y planer comme dans son élément. Mais ce lien subtil est enfin brisé. L'amour propre est vaincu. Au lieu de rêver des succès flatteurs, ce jeune homme que le monde ne peut captiver, malgré ses avances les plus séduisantes, ne demande plus que la paix et l'obscurité. Il a dit à tous ses amis : « je vois, je sais, je crois ! « Il est chrétien et déjà la soif du sacrifice le dévore. « Il ne demande au ciel et à la terre qu'une grande cause à servir par un grand dévoûment. » Il songe sérieusement à se faire curé de village. Le sacerdoce lui apparait comme un moyen divin de faire du bien et de « donner sa vie. » Il sent que Dieu l'appelle et il ne résiste pas. Il entre au séminaire de Saint-Sulpice avec cette simplicité qu'il apportera plus tard dans toutes ses actions, même les plus extraordinaires en apparence. Le monde pourra méconnaître ses intentions, mais il ne se préoccupera jamais de l'opinion du monde. Dès qu'il croira obéir à la volonté de Dieu, il bravera tous les préjugés et toutes les résistances ; il poursuivra son but sans crainte et sans ostentation.

Pendant la vie de prière et d'étude qu'il passa au grand séminaire, de nouvelles grâces récompensèrent le sacrifice qu'il avait accompli avec tant de générosité. Il écrivait à ses amis : « Libre de cette ambition de briller qui me possédait peut-être, peu embarrassé de mon avenir, dont je me contente quel qu'il soit, je fais des rêves de pauvreté, comme autrefois des rêves de fortune. » Ces paroles laissent déjà soupçonner un vague désir de la vie du cloître. Il n'aspire qu'à vivre longtemps dans le calme et le travail afin de « laisser mûrir ce qu'il a reçu de Dieu, et le faire tourner à la gloire de son nom. » Mais avant d'appeler cette belle âme à la perfection de la vie religieuse, Dieu voulut la soumettre à une redoutable épreuve, qui fut comme le creuset où acheva de se dégager de tout alliage l'or pur de sa vertu. Il avait désiré la paix, mais à peine fut-il prêtre qu'il rencontra l'agitation, la lutte, la polémique ardente et passionnée. Les circonstances l'avaient mis en rapport avec un homme dont la philosophie blessait sa raison, mais dont les théories sur la liberté de l'Église semblaient répondre à l'idéal que s'était formé la candeur de sa jeunesse. Je ne nommerai pas cet homme dont l'orgueil fut plus grand que le talent. On évitait de prononcer ce nom devant le P. Lacordaire, parceque, en lui rappelant une amitié qui avait pour ainsi dire absorbé son âme, ce nom lui rappelait aussi une lamentable apostasie et l'accablait d'une insupportable douleur. Les exagérations du maître et des disciples furent condamnées par ceux qui sont ici-bas les gardiens de la vérité. Ils en appelèrent au Souverain Pontife et se rendirent à Rome. Le maître refusa de reconnaître l'autorité du successeur de St.-Pierre. S'éloignant de la ville éternelle, le cœur ulcéré, il usa ses forces à attaquer tout ce qu'il avait défendu. Archange tombé, il s'agita jusqu'à son dernier jour dans le vide et le chaos. Le plus brillant des disciples s'inclina humblement. La voix du vicaire de Jésus-Christ était pour lui la voix de Dieu. Il se soumit avec une simplicité d'enfant. Son obéissance le rendait digne de commander aux autres. Dieu pouvait confier les plus grands desseins à celui qui venait de donner au monde un si prompt exemple d'humilité.

Déjà le P. Lacordaire avait eu souvent la pensée de demander au cloître cette vie de paix, de prière, de travail, qu'il désirait depuis longtemps. Pendant son séjour à Rome il étudia les constitutions des diverses familles religieuses. Celles des Dominicains le frappèrent plus vivement que les autres. Un mouvement intérieur, qui devait peu à peu devenir irrésistible, le poussait vers l'ordre des Frères Prêcheurs. Il ne se hâta pas de suivre ce mouvement. Jamais il ne prenait brusquement une détermination grave. Il ne se décidait qu'avec une sorte de timidité, mais une fois décidé il ne reculait plus. Monseigneur de Quélen l'avait chargé de prêcher des conférences à Notre-Dame. Après avoir rempli cette mission pendant deux ans, il crut que le moment était venu de céder à son attrait pour la vie religieuse. Avant d'être admis dans l'ordre des Frères Prêcheurs il devait passer en Italie une année de noviciat. Mais il ne renonçait pas à rentrer en France; il désirait au contraire y rétablir l'ordre qui allait recevoir le don entier de sa vie. En 1838 il publia un mémoire pour le rétablissement des Frères Prêcheurs en France. Il le dédiait « à son pays » persuadé qu'il fesait « acte de bon citoyen en même temps qu'acte de bon catholique. » Ce livre, dont la franchise égalait la hardiesse, étonna tout le monde et n'irrita personne. Ceux qui ne connaissaient pas le travail mystérieux que la grâce opérait depuis longtemps dans l'âme du P. Lacordaire ne virent dans sa résolution, qui devait être si féconde en résultats, qu'une nouvelle illusion de sa nature généreuse. Ils lui prédirent qu'il ne parviendrait jamais à faire accepter à la France la robe blanche des Dominicains. Le P. Lacordaire augurait mieux de son siècle et de sa patrie.

Avant de partir pour Rome il voulut aller demander à l'archevêque de Paris sa bénédiction. Monseigneur de Quélen avait beaucoup aimé d'abord l'orateur de Notre-Dame, mais cédant peu à peu à diverses influences, il avait cessé de mettre, dans les paroles qu'il lui adressait, la nuance de l'affection. Cette dernière entrevue fut très froide. Celui qui était à la veille de s'exiler, pour obéir à la voix de sa conscience, eut le cœur serré en voyant encore tant de réserve, en ce suprême instant. Il abrégea la visite et s'en alla le front incliné par la tristesse. Dès qu'il eut fait quelques pas dans la cour de l'archevêché, Monseigneur de Quélen le rappela. Ce n'était plus le même homme. — « Puisque vous allez nous quitter, lui dit-il d'une voix émue, je veux vous raconter un rêve qui m'obsède depuis 1828. Il me semblait qu'étant assis dans mon cabinet, je voyais une horde en fureur démolir pierre à pierre mon palais, et jeter dans la Seine jusqu'aux objets qui m'entouraient. Puis j'ai vu de l'autre côté de la Seine douze hommes vêtus de blanc, occupés à retirer du fleuve des monstres effrayants et des hommes qui se noyaient. La première partie de mon rêve s'est réalisée, vous réaliserez l'autre; allez ! »

Le P. Lacordaire , sur son lit de douleur, a dicté à ses enfants une notice sur le rétablissement de l'ordre des Frères Prêcheurs en France. En attendant que vous puissiez lire ce récit de l'auguste mourant, permettez-moi d'entrer dans quelques détails sur cette époque de sa vie où les merveilles abondent, et qui semble un nouveau chapitre de la légende dorée. Pour accomplir l'œuvre dont la Providence le chargeait, il a déployé une confiance en Dieu sans limites, un courage plus fort que toutes les épreuves, une persévérance que nul obstacle ne pouvait lasser. Quels furent les premiers coopérateurs du P. Lacordaire? C'est encore étudier son âme que de chercher à connaître les grandes âmes qui lui furent envoyées de Dieu pour l'aider à remplir sa mission.

Il y avait alors à Paris plusieurs groupes de jeunes gens, passionnés pour toutes les questions d'art, de littérature, de progrès social, animés d'un esprit de prosélytisme intrépide, ne demandant qu'à répandre leurs idées, justes ou fausses. Dans un de ces groupes, qui reconnaissait pour guide et pour chef un profond penseur, choisi plus tard pour présider l'assemblée des représentants du peuple, un jeune homme se présenta un jour, tenant à la main non plus un livre de philosophie, mais le catéchisme. — « Si vous voulez sauver la France, dit-il à ses amis, il faut commencer par vous confesser. Je viens de le faire et je vous engage à ne pas tarder. » Celui qui parlait ainsi avait vingt ans. Il était peintre et s'appelait Hyacinthe Besson. Ces paroles sincères firent une vive impression sur tous ceux qui les entendirent. L'un d'eux, Henri Réquédat, en fut frappé plus que les autres. Son esprit s'était laissé éblouir par les vaines utopies qui ont séduit tant d'âmes droites, égarées hors de la vérité, mais son cœur était resté plus pur que le cristal. Pendant huit jours il fut poursuivi par une voix qui ne cessait de lui redire : si tu veux sauver la France confesse-toi. Il court de tout côté, il se fatigue pour chasser cette pensée. N'y tenant plus, il entre dans une église et se jette dans un confessionnal en sanglotant. Lorsqu'il en sortit il éprouva la vérité de cette promesse: Bienheureux les cœurs purs parce qu'ils verront Dieu! Ces âmes ardentes qui n'aspiraient qu'à se dévouer furent amenées l'une après l'autre aux pieds des autels. L'exemple de Réquédat entraina son ami le plus intime, un jeune architecte, Louis Piel. Vers le même temps un des plus brillants élèves de l'école normale, Pierre Hernscheim, que la fausse direction de ses études philosophiques avait conduit à un scepticisme désespéré, tombait malade à Rennes. Il eut une crise qui dura plusieurs heures. Il était entré incrédule dans cette crise il en sortit chrétien. Que s'était-il passé dans cette âme? Dieu seul le sait. En revenant à lui il interrogea sa garde-malade comme un enfant, et se fit instruire des prières et des croyances catholiques. Tels furent les premiers coopérateurs du P. Lacordaire. Je puis en parler librement, tous les quatre sont morts. La résurrection de l'ordre de Saint Dominique en France devait ouvrir plus d'un tombeau.

Toutes les œuvres inspirées par la foi cachent dans l'ombre leurs commencements. Elles rappellent la divine parabole du grain de sénevé. Elles naissent, comme le divin maître, dans la nuit et la solitude. On ne les voit pas tout d'abord entraîner la foule dans le désert, apaiser les tempêtes, ouvrir les yeux fermés à la lumière, ordonner aux morts de sortir du tombeau. Un berceau sans gloire dérobe leur naissance à tous les regards. Quelques âmes, éclairées d'en haut, reconnaissent, à ce signe, l'œuvre de salut qui se prépare; mais les anges seuls, saluant l'avenir de ce qui vient d'éclore dans le silence, peuvent chanter : gloire à Dieu dans les hauteurs des cieux! Quand une œuvre a grandi, quand elle multiplie ses bienfaits, on interroge avec une légitime curiosité le mystère de sa naissance. Le voyageur qui admire les grands fleuves, fertilisant les vallées et portant à l'Océan le tribut de leurs flots, aime à remonter jusqu'à leur source, et à étancher sa soif à la fente de rocher d'où s'échappe le filet d'eau sans nom qui, au pied de la montagne, s'appellera déjà le Danube ou le Rhin. Ainsi désirons-nous connaître l'humble origine de ces grandes œuvres qui répandent sur tout un peuple la vie et la fécondité de la grâce, pareilles à ce fleuve, dont parle le prophète, qui réjouit la cité de Dieu par l'impétuosité de ses flots ; *Fluminis impetus lœtificat civitatem Dei.*

Qui croyait que dans vingt ans les dominicains auraient des couvents nombreux au Nord et au Midi de la France, à l'Orient et à l'Occident, lorsque le P. Lacordaire seul portait la pensée de leur rétablissement, lorsqu'il était prêt à quitter seul sa patrie, attristée de son départ ? Son isolement ne lui inspire aucun effroi. Il sait bien que Dieu pourra, quand il le voudra, lui susciter une postérité spirituelle plus nombreuse que les étoiles du ciel. Tout-à-coup la providence lui envoie une âme digne de la sienne. Réquédat qui, à peine chrétien, prenait son essor vers les plus hauts degrés de la perfection religieuse, vint le prier de l'associer à son œuvre. Ils partirent comme ces frères d'armes dont la chevalerie consacrait l'amitié, à la veille des grands combats. Ce fut au mois de mars de l'année 1839 que Rome vit deux français, l'un inconnu, l'autre déjà célèbre, frapper à la porte du couvent de la Minerve, en demandant à commencer leur noviciat. Un an après ils s'agenouillèrent aux pieds de Notre-Dame-du-Chêne et prononcèrent leurs vœux. « Pour la première fois, depuis cinquante ans, saint Dominique revit la France au banquet de sa famille. »

Au printemps de l'année 1840, Pierre Hernscheim, Louis Piel, Hyacinthe Besson, Louis Aussant et quelques autres, allèrent à leur tour se soumettre aux épreuves du noviciat, dans le couvent de sainte Sabine. Comment raconter la ferveur de ces novices, si dignes de représenter la France sous le vieux cloître du mont Aventin, qui garde tant de vestiges sacrés du séjour de saint Dominique? Ils faisaient chaque jour un pèlerinage pieux dans cette ville de Rome, dont chaque pierre a été touchée par un saint. Un jour, ils montèrent à genoux la *Scala santa.* Pendant qu'ils gravissaient ces degrés en songeant aux pieds divins qui les ont foulés, le frère Piel offrit à Dieu le sacrifice de sa vie pour le succès de l'œuvre entreprise par le P. Lacordaire. L'immolation fut acceptée. Quand on lui demandait pourquoi il avait ainsi offert sa vie.— A quoi suis-je bon, répondait-il; ne faut-il pas que le fumier soit enseveli au pied des plantes précieuses, pour qu'elles portent en abondance des fleurs et des fruits? Pourtant ce n'était pas le frère Piel qui devait payer au nom de la nouvelle famille de saint Dominique, les prémices de la mort. Le 2 septembre 1840, Dieu appelait à lui le premier compagnon du P. Lacordaire, le doux Réquédat. Cette mort fit au cœur de l'ami qui survivait, une blessure qui saigna longtemps. Il ne pouvait jamais en parler sans verser des larmes. «Cette perte est irréparable, écrivait-il, je ne puis me l'expliquer que par cette nécessité où sont toutes les bonnes œuvres d'être éprouvées dans le feu de la tribulation.... Notre devoir est de nous soumettre à la volonté divine, et de continuer avec courage l'œuvre commencée. »

Dans les premiers mois de 1841, le rejeton florissant qu'abritait le couvent de Sainte-Sabine, fut transplanté à l'ombre de la basilique de Saint-Clément. Une nouvelle épreuve y attendait ces âmes si fortement trempées. La veille du jour où ils devaient prendre l'habit religieux, le P. Lacordaire eut à leur annoncer une triste nouvelle. Par ordre supérieur, et pour contenter une diplomatie ombrageuse, les postulants ne pouvaient être admis comme novices, qu'à la condition de se séparer. Les uns devaient se rendre à Notre-Dame-du-Chêne, près de Viterbe, les autres à Bosco, dans le Piémont. Le P. Lacordaire devait rester seul à Rome. « Comme je suis religieux, leur dit-il, je n'ai qu'à obéir, mais vous êtes tous encore libres, voyez ce que vous voulez faire. » Rien ne pouvait abattre leur énergique résolution. Ils se séparèrent avec la ferme confiance, qu'ils se réuniraient un jour sur le sol français. Ils prouvèrent que leur vocation tenait à d'autres causes qu'à l'amitié qui les unissait et à leur affectueuse admiration pour le P. Lacordaire.

Le frère Piel, fut du nombre des novices qui se rendirent à Bosco. C'est là, que Dieu réalisa le vœu qu'il avait formé en gravissant la *Scala santa*, Il mourut le 19 décembre 1841. Le P. Lacordaire lui ferma les yeux. Encore un de ses premiers enfants qui s'éloignait de la terre pour aller lui former une famille dans le ciel. « Nous n'avons d'autre consolation que la pensée de la volonté de Dieu, écrivait-il, nous voyons dans tant de malheurs et de contradictions de toute nature, la main de Dieu étendue sur nous. Elle nous prépare à son œuvre, par la même préparation qui a été celle de tous ses serviteurs. Nous sommes destinés sans doute, à souffrir bien davantage encore. »

On le voit, rien n'ébranlait la foi du P. Lacordaire. Il se résignait d'avance à tous les sacrifices. Mais après quatre ans d'épreuves, sa persévérance et son abandon à la volonté de Dieu, devaient être récompensés. Les novices de Bosco et de Notre-Dame-du-Chêne prononcèrent leurs vœux. Un fait bien simple en apparence, fut regardé comme un signe de la protection du ciel, par tous les frères prêcheurs de Rome. Dans le jardin du couvent de Sainte Sabine, un oranger que Saint-Dominique avait planté et qui semblait épuisé de vieillesse, y élança tout-à-coup vers le ciel un rameau verdoyant, qui est devenu un arbre nouveau. C'était le symbole du rajeunissement inattendu d'un ordre six fois séculaire. Les vertus antiques refleurissaient en même temps que l'oranger du patriarche. Que ne puis-je dire tout ce que vous avez vu, ô églises de Rome, ô ruines du Colysée, ô catacombes, sanctifiées par les ossements des martyrs, ô cloîtres silencieux, étonnés de respirer encore le parfum de la foi naïve et de la piété des vieux âges ! qu'il me soit du moins permis de citer un trait.

Le P. Lacordaire et le P. Besson se promenaient un jour dans la campagne romaine ; ils admiraient ensemble, l'un en poète, l'autre en artiste, ce paysage sévère où les arbres sont rares, mais où se dressent de tout côté les débris grandioses d'un monde détruit. Arrivés dans le bois de la nymphe Égérie, non loin du tombeau de Cécilia Metella, ils s'approchèrent d'un buisson qui élevait plus haut que les autres ses rameaux épineux.— Voudriez-vous faire quelque chose pour le bon Dieu ? demanda le P. Lacordaire à son compagnon de promenade.— Bien volontiers ! répondit simplement le P. Besson.— êtes-vous disposé à vous mortifier en ce moment ?— Oh ! oui mon père, quelle pénitence voulez-vous que je fasse ?—Ne croyez vous pas que les épines qui ont percé le front de notre divin Sauveur étaient plus poignantes que celles de ce buisson ?—Beaucoup plus sans doute.— Eh ! bien, puisque notre Seigneur a supporté les épines de sa couronne, nous pouvons bien supporter celles-ci ; venez, embrassons cet arbre qui nous rappelle la passion du Sauveur.» Ils se jetèrent sur le buisson, jusqu'à se meurtrir les mains et les pieds.

Le succès ne pouvait manquer de couronner une œuvre fondée sur de si solides vertus. Ces âmes héroïques qui acceptaient tous les sacrifices, même l'éloignement de la patrie, vinrent enfin demander à la France l'hospitalité qu'elle ne refuse à personne et qu'elle doit à ses enfants. Elle avait besoin de tels apôtres. En un siècle où la soif insatiable de l'or allume des convoitises effrénées, ils venaient donner le spectacle de la pauvreté volontaire. En un siècle qui ne semble occupé qu'à repaître de jouissances inépuisables une sensualité dépravée, ils venaient montrer le bonheur dans la pénitence et la macération. En un siècle où l'égoïsme impatient de commander, s'irrite contre tout pouvoir qui gêne son ambition, ils venaient enseigner l'obéissance et le renoncement à sa volonté.

Ce fut en 1843 que le P. Lacordaire put établir ses religieux sur le territoire français. Tous les étés il allait à Bosco donner ses soins à sa jeune plantation. L'hiver il prêchait dans les principales villes de France et les préparait à faire un cordial accueil au froc dominicain. Pendant l'hiver de 1842 à 1843 il prêcha une suite de conférences à Nancy. Un des hommes les plus considérables de cette ville lui offrit d'abord son amitié, puis sa fortune et enfin sa personne. M. de Saint-Beaussant, riche et artiste, avait mené longtemps une vie livrée à toutes les frivolités mondaines. Un jour, à Marseille, il entra dans une église et entendit un fragment de sermon. Le prédicateur était médiocre, racontait le P. Lacordaire à ses religieux, pour leur rappeler que c'est la grâce de Dieu et non le talent de l'orateur qui opère les conversions. Dans le cours du sermon cette phrase revint souvent : « Vous n'êtes pas heureux parceque vous ne cherchez pas Dieu. » M. de Saint-Beaussant s'appliqua ces paroles. Oui, dit-il, j'ai cherché partout le repos de l'âme et je ne l'ai pas trouvé, mais je demeurerai dans l'héritage du Seignëur. *in hœreditate Domini morabor*. Sa maison fut le premier couvent des Dominicains en France. C'est là que le P. Herscheim vint mourir. M. de Saint Beaussant entra lui-même dans l'ordre, qu'il embauma de la bonne odeur de ses vertus. Quand il mourut à Oullins, le P. Lacordaire parla de lui à ses frères devant son cercueil. « J'avais un ami, dit-il, et cet ami est là. » Rappelant comment les dépouilles mortelles du P. Réquédat reposaient à Sainte-Sabine, celles du P. Piel à Bosco, celles du P. Hernscheim à Nancy, il ajouta : « toutes nos maisons ont du être assises sur un tombeau… c'est par un tombeau que nous marquons chacune de nos étapes. » Hélas il ne disait que trop vrai ! La mort du P. Aussant devait bientôt consacrer la maison de Toulouse. Le P. Besson dont l'âme était « belle entre toutes les plus belles » est descendu dans la tombe loin de la patrie, dans le couvent de la mission d'orient. Le P. Lacordaire lui-même devait laisser à la maison de Sorrèze avec ses restes vénérés, un gage d'immortalité.

Mais il n'est pas mort sans avoir donné à ses enfants l'exemple des plus sublimes vertus religieuses. Quels traits choisir pour donner une exacte idée de son humilité ? Un jour il adressa des reproches à un frère convers qui avait très mal exécuté les ordres qu'il lui avait donnés. Attristé par ces reproches, le frère convers s'en alla en pleurant. Le P. Lacordaire ému se persuada que ses paroles avaient été trop dures, il courut après le frère convers se prosterna devant lui et le pria de lui pardonner la vivacité de ses reproches. Etant provincial il ne voulait pas se dispenser de l'obéissance et chargeait un religieux de le commander comme s'il eut été son supérieur. Plus d'une fois ayant reçu l'ordre d'aller nettoyer des chaussures, il quitta sa plume, alla donner tous ses soins à ces travaux humiliants et revint ensuite achever la ligne commencée. Quelquefois prenant à part un frère convers, il lui parlait de la miséricorde de Dieu à l'égard des pécheurs, se citait en exemple et fesait la confession de toute sa vie, comme s'il eut été coupable des plus grands crimes. Il se plaignait un jour de l'inconvénient qu'il y avait pour un religieux à diner dans le monde, lorsqu'il prêchait dans des villes où il n'y avait pas de couvent. On vous sert, disait-il, des mets et des vins beaucoup trop recherchés pour un religieux et cependant si je refusais tout cela on dirait que je suis un saint *et ce serait bien agréable*! ajoutait-il en levant les bras par un geste familier et avec l'accent du plus profond chagrin. Une fois, dans l'église de Notre-Dame, l'auditoire transporté ne put retenir ses applaudissements. En entendant cette explosion d'enthousiasme, l'orateur éprouva un premier mouvement d'amour propre qui fut aussitôt réprimé. Toutefois, rentré au couvent il voulut se punir de ce mouvement involontaire. Il se fit attacher les mains derrière le dos et meurtrir les épaules jusqu'au sang.

Son esprit de mortification égalait son humilité. Il se plaisait à imiter quelque chose de la passion du Sauveur.

C'est ce désir de ressembler à Jésus-Christ souffrant qui le poussait à se faire obéissant lorsqu'il était obligé de commander les autres, à prendre toutes les apparences d'un serviteur, à reproduire en sa personne la scène de la flagellation et du couronnement d'épines. Dans une chapelle basse du couvent des Frères Prêcheurs de Paris, il s'appliquait les bras étendus contre une grande croix de bois et méditait sur le mystère de notre rédemption. Son esprit de pauvreté, sa fidélité à la règle, sa prudence dans ses rapports avec le monde, sa réserve, sa vigilance sur lui-même étaient à la hauteur de ses autres vertus. Il fut le modèle de ses religieux jusqu'au dernier jour de sa vie. Pendant la longue maladie qui a précédé sa mort il a donné à ceux qui ont eu le bonheur de l'approcher de suprêmes exemples en même temps que de suprêmes enseignements. Déjà peut-être vous avez lu et mouillé de vos pleurs l'émouvant récit des derniers moments du Père Lacordaire. Vous avez suivi ce dépérissement progressif de ce corps dompté, qui ne pouvait communiquer sa faiblesse à cette âme victorieuse et sereine encore au milieu de la douleur. Vous avez recueilli avec respect les dernières paroles du mourant, jusqu'à ce cri sublime qui trahissait comme une première vision de l'éternité. Au milieu des angoisses qui annonçaient sa mort prochaine, il étendit ses bras amaigris et promena autour de lui des regards étonnés « comme si revenu déjà des rivages de la lumière il eut peine à s'avouer qu'il était encore sur la rive des ombres. Puis d'une voix forte il s'écria : mon Dieu ! mon Dieu ! ouvrez-moi ! ouvrez-moi ! Ce fut la dernière parole qu'entendirent ses enfants; les autres, les anges seuls les entendirent. »

Que dire encore après une pareille scène ? Je n'ajouterai plus rien à la louange de celui qui ne sera dignement loué que dans l'assemblée des saints. J'achèverai ma tâche en vous rappelant les rapports qui unissaient le P. Lacordaire à notre ville, et en vous recommandant l'œuvre qu'il vous aurait recommandée lui-même; la dernière qui ait occupé sa pieuse activité, l'œuvre de la restauration des Saints-Lieux de Provence.

Lorsque le P. Lacordaire vint prêcher à Marseille après sa station de l'Avent à Toulon, un sermon de charité pour les conférences de Saint-Vincent de Paul ; il ne s'arrêta pas longtemps dans notre ville. Alors, les populations méridionales l'attiraient moins que les froides cités du nord, familières à sa jeunesse. Mais nous devions bientôt nous l'attacher par des liens indissolubles, et lui prouver que dans notre généreuse Provence, le souvenir d'une grande âme et d'une magnifique parole, ne s'efface jamais. On était en 1848. Vous savez comment après une soudaine révolution qui semblait devoir commencer un ordre de choses nouveau, la France fut appelée à désigner par de libres suffrages, ceux de ses enfants qui devaient unir leurs efforts pour veiller à ses destinées en ces jours troublés. Je n'ai pas besoin de vous raconter comment parmi nous, quelques hommes ardents, que leur âge ou leur habitude avaient écarté jusque là des affaires publiques, réunis comme par hasard, poussés par leur désir du bien, et par cette heureuse témérité de la jeunesse, qui alors était une vertu, furent amenés à exercer une influence décisive sur le choix de nos représentants. Sincèrement dévoués à ce que réclamaient les exigences du moment, oublieux du passé, ne prévoyant pas l'avenir, ils demandaient avec toute la loyauté de leur inexpérience, la double liberté qu'on a formulée depuis, avec moins de franchise, par ces deux mots qui resteront célèbres : l'Église libre, dans un Etat libre. Comme à leurs yeux, nul ne réprésentait plus purement que le P. Lacordaire, l'alliance si désirable et si difficile de la religion et de la liberté, ils s'empressèrent d'un commun accord, d'inscrire son nom à la tête d'une liste que les votes de leurs concitoyens devaient sanctionner par une imposante majorité.

Je ne rappelle ces faits, qui appartiennent à l'histoire, que pour indiquer l'origine et la date de la vive sympathie que le P. Lacordaire a témoignée à la Provence, durant ces dernières années. Cette âme si délicate et si noble, dont la reconnaissance allait toujours plus loin que le bienfait, fut profondément touchée de l'affection dont les villes du midi lui avaient donné des preuves si solennelles. La Provence fut pour lui au nombre des amies de la dernière heure. Il aurait voulu payer la dette de sa gratitude, en venant résider au milieu de nous, mais une jeunesse aimée, auprès de laquelle il sentait renaître sa jeunesse, le retenait par des liens trop puissants. Ne pouvant se donner lui-même, il nous a donné ses enfants. Il a fait refleurir l'ordre de Saint-Dominique, aux lieux mêmes où le souvenir de cet ordre célèbre se confondait, depuis plusieurs siècles, avec les souvenirs les plus chers et les plus sacrés de la Provence. Il a restauré des ruines qui semblaient avoir perdu toute espérance de résurrection. Il a repeuplé le cloître abandonné qui se cachait à l'ombre de la glorieuse basilique élevée en l'honneur de sainte Marie-Magdeleine, dont elle garde le tombeau.

Le rétablissement des frères prêcheurs à Saint-Maximin obligea le P. Lacordaire à visiter souvent la Provence. Il y était du reste attiré par la dévotion à sainte Magdeleine, héréditaire dans l'ordre dont il était, en France, comme le second fondateur. Il gravit souvent cette montagne consacrée par une piété traditionnelle, et qui lui apparaissait comme le Thabor de sainte Marie-Magdeleine. « La Sainte-Baume, témoin des pénitences et des extases de l'amie de Jésus, l'Église de Saint-Maximin, qui garde précieusement ses reliques, lui semblaient les lieux les plus saints de la terre, après le Saint-Sépulcre, à Jérusalem, la maison Notre-Dame, à Lorette, et le tombeau des saints apôtres, à Rome. Or, il croyait que « les lieux saints sont au monde, ce que les astres sont au firmament ; une source de lumière, de chaleur et de vie. »

Les ruines de la Sainte-Baume « tressaillaient à sa voix » quand, dans la grotte où a pleuré Magdeleine, quand sur le rocher sacré où la transportaient les anges, il s'écriait : Plût à Dieu qu'ils fussent moins rares ces lieux où l'amour a vécu ! Plut à Dieu, que notre cœur trouva plus souvent sur cette froide terre, une cendre où se réchauffer.» Il aurait voulu appeler à la Sainte-Baume, tous les cœurs chrétiens« pour s'y reposer du monde, et y vénérer un grand mystère de l'amour de Dieu. » Mais hélas ! dans quel état de délabrement et de désolation se présentaient ces lieux fameux, où tant de rois étaient venus prier ! Il fut saisi d'une tristesse profonde en présence de ces pierres mutilées, de ces murs croulants, de ces débris qui ne pouvaient offrir aux pélerins une décente hospitalité. I n'eut pas de plus vif désir que de relever tant de ruines amoncelées par les tempêtes sociales du siècle dernier. Mais où trouver de suffisantes ressources? Il ne s'adressait jamais aux puissants de la terre, et il ne voulait pas solliciter la pauvreté des laboureurs qui cultivent les plaines et les coteaux dominés par la Sainte-Baume. Il tourna ses regards vers la riche et bienfaisante Marseille, persuadé qu'elle répondrait à son appel. Il fonda au milieu de nous, l'œuvre des saints-lieux de Provence. On s'empressa de rassurer sa sollicitude, et de lui promettre la prochaine réalisation de ses désirs. Cette œuvre, la dernière qu'il ait fondée, héritière de ses vœux et de sa dévotion à sainte Magdeleine, se fera un devoir d'honorer sa chère mémoire, en donnant au plus tôt à la Sainte-Baume, l'éclat nouveau, et le caractère d'asile hospitalier qu'il rêvait pour ce lieu sacré. C'est cette œuvre qui vous a invités à vous associer, à la fois, à son deuil et à sa mission. Elle demandera tout-à-l'heure, le secours de vos

aumônes pour restaurer les saints lieux de Provence et
pour élever ainsi à la mémoire du P. Lacordaire, le seul
monument qu'il ait désiré. Elle m'a imposé l'obligation
de vous exciter à des dons généreux. Mais pour vous tou-
cher, ce ne seront pas mes exhortations que je ferai entendre. Je vous redirai les paroles mêmes du P. Lacordaire,
dépouillées malheureusement de cet accent vainqueur qui
rendait impossible tout refus.

Lorsqu'il exprimait le vœu d'écrire sa dernière ligne
à l'ombre de la Sainte-Baume, et d'y «briser aux pieds de
Jésus-Christ, le frêle, mais fidèle vase de ses pensées, il
vous disait, avec le pressentiment que c'était la dernière
demande qu'il vous adressait : « oh ! qui que vous soyez
si jamais vous avez connu les larmes du repentir ou celles
de l'amour, ne refusez pas à Marie-Magdeleine, qui a
tant pleuré et tant aimé, une goutte de ce parfum, dont
elle embauma les pieds de notre Sauveur. Ne délaissez
pas la grotte où les anges l'ont visitée..... Apportez votre tribut, si faible soit-il, à la rénovation d'un des plus
grands et des plus chers monuments de la chrétienté. Ap-
portez-y votre foi, vos vœux, vos besoins, et qu'il ne
soit pas dit que la France, à qui Jésus-Christ voulut confier dans Marie-Magdeleine, la garde du repentir et de
l'amour ait été infidèle à cette sainte mission. »

Cher et illustre maître, vos pieux désirs seront comblés.
Dormez en paix dans cette tombe modeste qui garde si
loin de nous vos dépouilles mortelles. Si nous ne pouvons pas entourer de notre vénération filiale, la pous-

sière qu'animait votre grande âme, nous conserve-
rons, du moins, comme un testament sacré, l'œuvre
que vos mains défaillantes nous ont confiée. Sur
votre lit de mort, vous avez retrouvé votre voix
et votre ardeur pour bénir cette œuvre. Elle a eu
votre dernière pensée. Cette bénédiction suprême sou-
tiendra nos efforts. Nous vous bénirons nous-mêmes
de plus en plus, d'avoir tant aimé la Provence, d'avoir
songé le premier à restaurer ses plus vénérables sanc-
tuaires. Désormais dans la reconnaissance des pélerins
sans nombre, qui accourront à la Sainte-Baume, votre
nom sera inséparable de ces lieux sacrés. Déjà nous nous
sommes réunis, pleins de votre souvenir, dans la grotte
délabrée que votre dévotion voulait décorer. Déjà nous
y avons répandu des larmes avec des prières. Nous n'y
retournerons jamais sans penser à vous, sans adresser au
Seigneur ces supplications : mon Dieu, suscitez encore au
milieu de nous, un apôtre puissant en œuvres et en paroles, capable d'arrêter l'invasion de l'impiété, d'inspirer à
la jeunesse l'énergie de la foi et l'ardeur de la charité.
Donnez encore à notre patrie, une jeunesse digne d'entendre un tel apôtre. Que le feu qui le dévorait, passe
dans l'âme de ses enfants, qu'il en rejaillisse une étin-
celle, sur tous ceux que vous chargez d'enseigner la vérité, que le peuple chrétien entende dans leur parole, un
écho affaibli de la sienne. Mais surtout, ô mon Dieu ! que
tous ceux qui l'ont connu, que tous ceux qui l'ont aimé,

retracent dans leur vie, une image de ses vertus. Que leur mort soit «précieuse devant vous,» comme sa mort. Puissent-ils comme lui, à travers les ombres de l'agonie, entrevoir les portes éternelles, et jeter ce grand cri au moment de quitter la terre : « mon Dieu ! mon Dieu ! ouvrez-moi ! ouvrez-moi ! »

Marseille. — Imprimerie Vᵉ P. CHAUFFARD, rue des Feuillants, 20.

9 782012 847583